Guia de sobrevivência no trabalho

Dados Internacionais de Catalogação na Publicação (CIP)
(Câmara Brasileira do Livro, SP, Brasil)

Ireland, Karin
Guia de sobrevivência no trabalho / Karin Ireland ; tradução Ez2translate. -- São Paulo : Cengage Learning, 2011.

Título original: The job survival instruction book. 400+ tips, tricks and techniques to stay employed
3. ed. norte-americana
ISBN 978-85-221-1173-2

1. Orientação profissional - Citações, máximas etc. 2. Sucesso em negócios - Citações, máximas etc. I. Título.

11-06272 CDD-650.14

Índice para catálogo sistemático:

1. Orientação profissional : Administração 650.14

Guia de sobrevivência no trabalho

Tradução da 3ª edição norte-americana

KARIN IRELAND

Tradução

Ez2translate

CENGAGE Learning™

Austrália • Brasil • Japão • Coreia • México • Cingapura • Espanha • Reino Unido • Estados Unidos

CENGAGE
Learning™

Guia de sobrevivência no trabalho
Karin Ireland

Gerente Editorial: Patricia La Rosa

Supervisora Editorial: Noelma Brocanelli

Editor de Desenvolvimento: Fábio Gonçalves

Supervisora de Produção Editorial: Fabiana Alencar Albuquerque

Título: The job survival instruction book. 400+ tips, tricks and techniques to stay employed – Third edition
(ISBN-13: 978-1-4354-5710-2
ISBN-10: 1-4354-5710-2)

Tradução: Ez2translate

Edição de texto: Marcelo Albuquerque

Copidesque: Luicy Caetano de Oliveira

Revisão: Rinaldo Milesi

Diagramação: Cia. Editorial

Capa: Souto Crescimento de Marca

Para informações sobre nossos produtos, entre em contato pelo telefone **0800 11 19 39**

Para permissão de uso de material desta obra, envie seu pedido para **direitosautorais@cengage.com**

ISBN-13: 978-85-221-1173-2
ISBN-10: 85-221-1173-1

Cengage Learning
Condomínio E-Business Park
Rua Werner Siemens, 111 – Prédio 20
Espaço 04
Lapa de Baixo – 05069-900
São Paulo – SP
Tel.: (11) 3665-9900
Fax: (11) 3665-9901
SAC: 0800 11 19 39

Para suas soluções de curso e aprendizado, visite **www.cengage.com.br**

Impresso no Brasil.
Printed in Brazil.
1 2 3 4 5 6 7 12 11 10 09 08

Para Francis, que sempre acreditou em mim, e
para Tricia, que vivenciou meu aprendizado.

Karin Ireland é escritora há mais tempo do que gosta de admitir e passou a maior parte dele trabalhando para outras pessoas. Ela compartilha aquilo que aprendeu pelo jeito mais difícil e espera que você seja mais rápido para balancear quem é com o que faz para que tenha uma jornada mais tranquila.

Nada é impossível com atitude certa e uma quantidade infinita de chocolate.

Aceite a competição quando é instigante; evite-a quando o deixa ansioso ou nervoso.

Quando pedem que faça algo que não sabe, não entre em pânico. Demonstre confiança, saia calmamente e encontre alguém que saiba fazê-lo.

A perfeição é relativa. Perfeito para algumas tarefas é a criação de uma obra de arte premiada. Perfeito para outras é terminar o trabalho.

Seja decisivo ao falar. Pessoas determinadas recebem mais atenção e respeito – mesmo se estiverem erradas – do que aquelas que estão certas, mas parecem indecisas.

As três qualidades mais relevantes em seu desempenho no trabalho são: atitude, atitude e atitude.

Em vez de elaborar o currículo com intuito de refletir o que você quer que o entrevistador saiba, elabore-o para suprir as necessidades da empresa. Demonstre em seu currículo não apenas as habilidades de que a empresa necessita, mas, ainda, que você é a pessoa ideal para o cargo.

Novo chefe significa novas regras. É como mudar do futebol para o vôlei. Encare o desafio de jogar um novo jogo em vez de insistir em jogar um novo jogo com as regras antigas.

Questione-se de vez em quando: o que você está fazendo leva-o aonde você quer chegar em sua carreira? O trabalho está te levando aonde você quer chegar na vida?

Chegue às reuniões preparado e não se atrase.

Reflita sobre sua qualidade de vida ao avaliar seu trabalho. Muitos homens trabalham dias, noites e fins de semanas para oferecer segurança à família, somente para que suas esposas os deixem porque eles nunca estão presentes.

Priorize seu trabalho de acordo com a regra 80/20: faça os 20% que lhe traz 80% dos resultados.

Não acredite necessariamente no entrevistador quando ele disser que a empresa valoriza os colaboradores inovadores que se destacam. Observe como estes são tratados antes de começar a agir como eles.

Quando estiver realmente doente, fique em casa.
Ninguém quer contrair sua doença.

Pense antes de fazer perguntas;
faça perguntas antes de julgar.

Especialize-se em algum aspecto no trabalho e seja o melhor. Alguém o fará e é preferível que seja você.

As pessoas têm diferentes formas de se comunicar – até mesmo em seus e-mails. Responda os e-mails de seu chefe e colegas de trabalho do mesmo modo que eles escrevem para você.

Estabeleça limites pessoais que sejam essenciais para você e, em seguida, peça de maneira gentil, educada, mas firme, que os outros os respeitem.

Quando seu chefe se dirigir a você, pegue lápis ou caneta e tome nota com atenção.

Escreva de maneira simples. Mantenha o foco. Seja claro e preciso.

Faça o melhor que puder e, ao sair do trabalho, esqueça tudo.

Diga o que pensa.
Acredite no que diz.
Faça o que diz que vai fazer.

Quando as situações se tornarem difíceis, respire fundo. Profunda e ritmadamente.
Relaxe o maxilar e os ombros e imagine que está em uma praia.

Não se habitue a fazer horas extras. Depois de um tempo, aquilo que foi capaz de fazer em um momento de crise será sempre esperado de você.

Não tolere uma situação inaceitável.
Quando você diz "sim, mas..." fecha
a porta para as soluções. Em vez de dizer
"sim, mas..." busque soluções.

Entenda o que seu chefe quer de você e,
se possível, realize.

Ninguém se sente confiante e competente em
tempo integral. Finja até conseguir.
Os outros vão acreditar que você é
bem-sucedido e, muito em breve, você também.

Um entrevistador parece ser seu amigo, mas não é. O trabalho dele é excluir as pessoas que não se encaixam ou que possam causar algum tipo de problema na empresa. Há muitas questões proibidas, mas os entrevistadores podem iniciar uma conversa amigável para que você forneça informações espontaneamente.

Quando se deparar lembrando de seus erros, apague mentalmente essa cena e pense em algo em que tenha sido bem-sucedido.

Ao afirmarem que você é brilhante, não discorde. Simplesmente sorria, agradeça e silencie.

Conheça os nomes e os rostos dos principais executivos de sua empresa.

O relacionamento com seu supervisor pode representar grande parte de sua satisfação no trabalho. Procure escolher um bom chefe em vez de um bom salário.

Aprenda a arte de opinar pouco sobre coisas que não conhece.

Não mande por e-mails ou Twitter algo que não deve ser passado adiante. Não poste nada negativo sobre seu emprego ou colega de trabalho em rede social.

Anote a data dos prazos em sua agenda. Estime a duração de cada parte do projeto e reveja os prazos ao fazer um cronograma.

Verifique se é permitido fazer uso de celular, Twitter ou checar seu e-mail pessoal no trabalho. Caso não seja, não o faça. Conheça a política da empresa sobre o uso pessoal da fotocopiadora e do fax e respeite-a.

Sugestão para os *workaholics*: faça uma tarefa a menos por dia do que acha que deve ou tem de fazer.

Diga sempre a verdade (mas não necessariamente toda a verdade).

O que vai, volta. Mantenha isso em mente, ou esteja pronto para afundar.

Quando não tiver certeza do que deve fazer, não faça nada antes de perguntar ou descobrir do que se trata.

Não fique desejando que as coisas sejam diferentes. Descubra exatamente o que quer e procure meios de fazer com que isso aconteça.

A empresa que não têm tempo ou dinheiro para realizar um trabalho do modo como os colaboradores dizem que deve ser feito vai encontrar tempo e dinheiro para refazê-lo ao descobrir que os colaboradores estavam certos. Respire fundo e ignore.

A raiva contida sempre pode transparecer, geralmente, em um momento impróprio. Aprenda a controlá-la ou espante-a.

Nunca ache que é normal falar mal dos outros, mesmo que os outros o façam.

Três estratégias para uma negociação bem-sucedida:

- Trabalhe para atingir seu objetivo em vez de defender sua posição.
- Mantenha o foco no assunto.
- Procure por soluções nas quais todos ganhem.

Responda à pessoa, não a gestos, sotaques ou hábitos que o façam lembrar de alguém.

Nunca assuma que sabe quem é o líder do grupo. Dirija-se a todos da mesma maneira até que o líder indique que é somente a ele a quem deve se dirigir.

Gentileza é sempre bem-vinda.

Pense no seu trabalho como um jogo
que você concordou em participar. Jogue na
posição em que foi contratado para jogar;
não espere concordar com o árbitro
nem com o treinador ao mesmo tempo.
Faça seu melhor, depois vá para casa
e faça outra coisa.

Adiante seu relógio em quatro minutos
e esqueça. Você ficará surpreso ao perceber a
frequência com que vai chegar a tempo
no trabalho e nas reuniões.

Quando alguém se opõe a suas ideias, questione antes de tentar explicar o porquê dessa resistência.

Eu acredito, eu posso. Com essa regra você desenvolve o que quer e o que não quer.

Procure o equilíbrio em tudo.
Até mesmo na busca pelo equilíbrio.

Não sinta que deve reinventar a roda. Quando se está sob a pressão de cumprir prazos, terminar o trabalho costuma ser mais relevante que encontrar uma forma mais brilhante de fazê-lo.

Aceite a autoria de suas (boas) ideias, ou outros ficarão com o mérito.

Quando seu chefe sugerir uma mudança, concorde em experimentá-la. Se não funcionar, você pode sempre sugerir retomar ao jeito anterior.

Ao fazer uma reclamação, saiba qual é a resolução que deseja e lute por ela.

Quanto mais você tentar estar no controle, menos vai estar, tanto na vida pessoal quanto no trabalho.

A assertividade é relativa.
Saiba o que é aceitável para cada pessoa
e grupo, e ajuste sua abordagem de acordo
com o propósito.

Nunca diga nada que não queira que seus colegas
de trabalho ou chefe ouçam.

Desenvolva um bom relacionamento com seus
superiores. Descubra o que querem e
precisam e dê o melhor de si.
Terá mais oportunidades e apoio se eles
conhecerem e confiarem em você.

Confirme os compromissos antes
de sair do escritório.

Faça uma pausa entre dois projetos. Respire profundamente ao terminar um deles e iniciar o outro.

É tentador deixar as pastas sobre sua mesa para não esquecê-las, mas também pode ser sufocante. Em vez disso, faça uma lista de seus projetos e coloque as pastas em um arquivo "Importante". Consulte a lista diariamente para ter certeza de que nada será esquecido.

Quatro termos a ser eliminados:

- deve
- não deve
- não pode
- tentar

Pare de fumar.

Não acredite em tudo que ouve.
Não acredite em tudo que vê.
Não acredite em tudo que prometem.

Colaboradores prestativos e fáceis de conviver
(agradáveis) normalmente são
mais bem avaliados que aqueles
difíceis porém mais habilidosos.
Faça com que seu chefe fique satisfeito
por tê-lo contratado.

Faça de bom grado as tarefas que seu chefe tem o poder de delegar.

Desculpas não importam. O que importa são os resultados.

Saber escolher o momento ideal é importante. Aborde seu chefe quando souber que ele será receptivo.

Ouça os boatos; geralmente alguma coisa é verdadeira. Saiba discernir o que deve ou não dizer aos outros.

Saia com elegância. Quando estiver pronto para sair, diga a seu chefe pessoalmente. *Só depois* envie o pedido de demissão. Agradeça-o pelo apoio que recebeu e pelas oportunidades de aprendizado. Deixe uma impressão positiva. Não diga a seu chefe o que há de errado com a empresa, gerência, ou com os colegas de trabalho. Caso seu nome surja no futuro, vai desejar que seja como boa lembrança.

Se você é o gerente e pede que sua equipe faça algo, certifique-se de que ela o fará. Se "esquecer", ou se você mesmo o fizer, passará a mensagem de que ela não deverá ser responsabilizada.

Responda e não reaja a pessoas ou situações.

Esteja disposto a se comprometer com o que quer e como quer fazer, mas nunca comprometa quem é e aquilo em que acredita. Caso não possa realizar seu trabalho com integridade, procure um novo emprego.

Lembre-se de que você vem em primeiro lugar em sua vida. Lembre-se também de que nem todos vão compartilhar dessa opinião.

Reprima o impulso de confessar suas fraquezas. A confissão não transparece humildade; somente o leva a vulnerabilidade.

Se em sua caixa postal você promete que vai retornar suas mensagens, retorne.

Não se deixe levar por um clima de festa. Os encontros da empresa não são apropriados para relaxar e dizer o que se pensa realmente sobre o convênio, sua carga horária ou sobre o novo corte de cabelo do seu chefe.

Alguém disse que, para ser bem-sucedido, é preciso ser diferente. Procure maneiras de se diferenciar que beneficiem você e seu empregador.

Prepare-se até mesmo para as pequenas apresentações. Anote três pontos principais, dois subpontos de apoio e uma conclusão ou pedido de intervenção.

Desencoraje a permanência de visitantes indesejados colocando pastas de arquivos sobre as cadeiras.

Para controlar melhor o seu tempo, mantenha um diário semanal.

Cinco maneiras de parecer mais profissional:

- Elimine "hã", "é", "você sabe", e outros vícios de linguagem de seu vocabulário.
- Fale de modo positivo.
- Fale com segurança.
- Não faça suas afirmações soarem como uma pergunta.
- Não deixe *piercings* e tatuagens à mostra.

Não peça dinheiro emprestado
a seus colegas de trabalho.
Não peça dinheiro emprestado a seu patrão.
Não empreste dinheiro a nenhum deles.

Pergunte a um amigo se você tem mau hálito.
Se tiver, tenha sempre balas de menta consigo e
consulte um dentista.

Se um projeto for muito sufocante,
divida-o em várias etapas. Recompense-se
a cada vez que completar uma delas.

Aceite o fato de que, quando usa seu melhor traje para trabalhar, seus amigos vão querer almoçar no pior lugar.

Pense em seu currículo como sua primeira tarefa para cada empresa a que se candidata. Os entrevistadores não vão enxergar seu potencial; somente vão ver o que você mostrar a eles.

Caso sua empresa seja "reestruturada", não acredite que suas responsabilidades serão as mesmas. Questione seu chefe.

Procure a melhor maneira de fazer um trabalho, e não as razões pelas quais ele não pode ser feito.

Nunca se queixe de seu patrão para os colegas de trabalho. Jamais se queixe de seu patrão para alguém de outro departamento. E nunca se queixe de seu patrão para seu patrão.

Antes de voltar para casa, tenha em mente o que quer realizar no dia seguinte e o que vai priorizar.

Não é tão importante fazer tudo, e sim fazer o que é mais importante.

Respeite as diferenças entre as pessoas.

Não planeje seu casamento, festas, férias ou chá de bebê de seu melhor amigo durante o trabalho. Seus colegas vão odiar saber que você tem tempo de planejar algo divertido enquanto eles continuam a trabalhar duro.

Dedique 100% de si para cada tarefa que realiza.

Atente-se às conversas silenciosas que tem consigo mesmo. Torne-as positivas. O que diz e pensa determina como você se sente. Como se sente, determina o que faz. O que faz, determina o que possui.

Não transforme pequenos trabalhos em grandes projetos. Não faça grandes mudanças em nenhum projeto sem antes consultar seu chefe. Uma grande ideia não parece tão grande se trouxer mais trabalho ou constrangimento para ele ou para alguém de sua equipe.

Não interrompa aqueles a quem queira impressionar. Quanto mais falam, mais confortável se sentem.

Quando alguém pergunta como você está, a menos que seja sua mãe ou um terapeuta, basta dizer que está "ótimo".

Mantenha um diário de realizações e registre toda vez que atingir uma meta, mantenha um compromisso, ou encontre uma solução ganha-ganha para um problema.

Nunca se envolva nas políticas do escritório que não parecem honestas.

Você pode ser capaz de aceitar um trabalho de que goste, mas que pague menos, se diminuir suas despesas. Comprar um carro mais barato ou ter apenas um na família, comprar em lojas de segunda mão, utilizar cupons de desconto. Deixe de lado a sua "necessidade" material.

Antes de fazer qualquer coisa, saiba qual é seu objetivo. Antes de iniciar um projeto, faça um telefonema, questione, organize um memorando ou descubra qual resultado almeja ou necessita, então determine o que precisa para obtê-lo.

Se telefonar para a casa de algum cliente, identifique-se a qualquer membro da família.

Faça um bom trabalho mesmo que ninguém esteja observando.

Ao falar com seu chefe, não perca o foco;
seja agradável e breve.

Faça o que for necessário para não chegar atrasado.

Não faça sua apresentação perto da hora do
almoço ou do fim do expediente. As pessoas não
vão prestar atenção.

Combine com um colega para que ele o avise
quando houver algo indesejável entre seus dentes
ou quando a etiqueta de sua roupa
estiver aparecendo.

Caso tenha um dia desagradável no trabalho, faça algo para melhorar o humor antes de chegar em casa. Escute boa música, coma chocolate, faça compras, faça meditação, coma chocolate, caminhe um pouco ou coma chocolate.

Mostre respeito a seus colegas de trabalho, quer eles mereçam ou não.

Evite comprar briga alheia. Você pode se sentir nobre, mas não levará seu chefe a ser seu fã número um.

Ao recompensar colaboradores e clientes, ofereça algo que eles queiram, e não algo que você *acredita* que eles possam desejar.

Questione-se sobre o que pode aprender com as pessoas e situações que causam incômodo no trabalho.

Mudanças acontecem. Nem sempre são para o melhor, mas os funcionários que as aceitam sem reclamar são valorizados e, às vezes, até mesmo recompensados.

Quatro estratégias para sobreviver às mudanças:

- Coopere com quem estiver no comando.
- Pareça otimista e positivo.
- Saiba mais sobre as metas daqueles que estão na direção.
- Faça o que puder para ajudá-los a alcançar tais metas.

Se seu chefe acha que algo é importante, acredite e aceite. Ser conhecido como uma pessoa que trabalha em equipe muitas vezes é mais relevante do que ser conhecido como uma pessoa brilhante.

Não há garantias no trabalho. Se soubesse que seu trabalho está por um fio, você o faria de outra maneira? Faça isso agora.

Durante os intervalos não fale sobre trabalho. (Se conversar sobre trabalho, deixa de ser intervalo.)

A melhor hora para realizar reuniões é no meio da manhã. Os piores dias são segunda-feira e sexta-feira.

Você dispende mais energia ao ser desagradável do que ao agir de modo cortês. Ser indelicado pode levá-lo, às vezes, à satisfação, mas a cordialidade o levará mais longe.

Mantenha seu currículo sempre atualizado.

Cuidado com o que você deseja; seu desejo pode se tornar real.

Você sempre pode voltar e dizer algo para seu chefe, colega de trabalho ou colaborador mais tarde, mas nunca pode retirar algo que já disse.

Seja paciente com todos, até mesmo consigo.

Na resolução de conflitos, comece questionando o que a outra pessoa acha antes de dizer o que você pensa. Depois que ela disser o que tem em mente, é mais provável que venha a ouvi-lo.

Trabalhe com o que gosta. Caso não seja possível, faça o que gosta como *hobby* ou trabalho voluntário. Você pode conseguir uma colocação nessa área por estar no lugar certo, na hora certa.

Observe o que são fatos e o que são hipóteses. Questione alguns fatos e todas as hipóteses.

Se não arriscar, nunca vai saber se teria conseguido.

Interrompa conversas com colegas de trabalho imediatamente para dar atenção aos clientes.

Mais cinco maneiras de parecer mais profissional:

- Observe e elimine cacoetes.
- Vista-se o melhor possível.
- Aja com confiança (mesmo que não seja confiante).
- Olhe as pessoas nos olhos.
- Jogue a favor de seu chefe e das regras da empresa.

Mantenha suas unhas limpas e bem feitas.
Mantenha-as bem lixadas.

Em uma luta de poder entre você e seu chefe,
você vai perder. Mesmo que ganhe,
no fim vai perder.

Se estiver com um cliente e não puder
atender outro imediatamente, sorria e diga que ele
logo será atendido. Geralmente,
as pessoas estão dispostas a esperar. O que elas
não querem é ser ignoradas.

Toda vez que discutir com um cliente, você perde.
Mesmo que ganhe, você perde.

Quando alguém agradecê-lo, diga "Por nada"
e não "Sem problemas".

As pessoas podem perceber quando você está de
mau humor, mas agradecem quando demonstra
esse estado antes de agir com grosseria.

Informação é poder. Aprenda como e onde as pessoas as conseguem em sua empresa.

Antes de retornar uma ligação com mais informações, pergunte quando seria uma boa hora para ligar. Isso pode poupar o tempo de ambos.

Você pode economizar tempo se limitar o número de vezes que checa seus e-mails e limitar o tamanho de suas respostas.

Sua capacidade em cooperar para manter seu chefe informado e satisfeito fará parte da sua avaliação de desempenho.

Na hora das refeições, tenha bons modos. Mesmo se estiver apenas com os colegas.

Não se leve muito a sério. Não confunda o que faz no trabalho com quem você é. Concordar com seus chefes não faz de você um fraco nem quer dizer que sua ideia não tenha sido a melhor. Denota que seu chefe não vai vê-lo como alguém que sempre cria problemas.

Nunca ridicularize ninguém, mesmo se for por causa de uma piada, para expor uma ideia ou mesmo que essa pessoa ria.

A maioria das pessoas vai tratá-lo da maneira que você espera.

Não tente mudar o sistema a menos que seja discriminatório ou arriscado. Já estava lá antes de você e alguém o mantém. Em vez disso, aprenda a fazê-lo funcionar para você, ou procure um novo trabalho.

Conheça suas metas: fazer, ter, ser. Reveja-as regularmente. Repita-as em voz alta para melhores resultados. Visualize-se como se já tivesse atingido seus objetivos. Sinta a satisfação.

Os chefes quase nunca estão com seus pensamentos em ordem até que você tenha apresentado o projeto final. Aceite essa questão ou vai ficar louco.

Questione a autoridade para si mesmo até que tenha alguma autoridade.

A regra de ouro ainda é uma boa ideia.

Caso precise ligar para alguém muito falador, comece a conversa dizendo "Só tenho um minuto para falar...", e então explique de modo breve o que necessita.

Pergunte-se de vez em quando: estou sendo produtivo ou apenas ativo?

Geralmente, é mais fácil desviar de uma barreira do que atravessá-la.

Quando quer algo bem feito, vá direto à pessoa que pode fazê-lo. (A menos que signifique ultrapassar a autoridade de seu chefe. Nesse caso, leve-o a pensar que foi ideia dele, então ele irá falar com a pessoa que pode fazer o que você queria.)

Esperar que tudo esteja alinhado antes de iniciar qualquer movimento é como tentar atravessar uma cidade com todos os semáforos verdes.

Seja o tipo de pessoa que os outros gostam de ter por perto.

Sempre ouça o que uma pessoa está dizendo levando em conta que ela pode estar certa. Mesmo quando tenha plena certeza de que ela está errada.

Tente não ficar doente na sexta-feira ou na segunda-feira. Ninguém vai acreditar.

Ao deixar uma mensagem de voz, seja discreto. Mesmo que seja convidado a deixar uma "mensagem particular", não o faça.

Responder às mensagens de voz por e-mail é mais eficiente tanto para você como para quem as enviou.

Mesmo que apague um e-mail, ele ainda pode ser encontrado. Cuidado com o que escreve.

Não pareça desesperado em uma entrevista de emprego.

Reconheça as pessoas rapidamente, especialmente seu chefe, assim que entrarem em sua área de trabalho.

Comparar-se com os outros ou seu trabalho com o de outras pessoas não é um exercício saudável. Compare-se apenas para seu próprio bem.

Nunca se atrase para uma entrevista de emprego. Se não puder evitar o atraso de maneira nenhuma, basta pedir desculpas e ter um bom argumento em mente.

Saiba a diferença entre uma ideia e um plano. Uma ideia é simples; um plano exige saber como a ideia vai funcionar.

Opte por ser feliz a cada dia.

Parabenize-se todos os dias a cada cinco coisas que tenha desempenhado bem. Os pequenos feitos valem tanto quanto os grandes.

Na comunicação, ouvir é mais importante que falar.

Se acredita estar sendo vítima de discriminação sexual, racial, religiosa, por idade, ou algum tipo de abuso, comunique seu chefe. Se ele não quiser ou não puder ajudar, comunique a próxima pessoa da linha de comando.

Não faça promessas que não pode cumprir.

As leis protegem as minorias e os trabalhadores com necessidades especiais. Ajude a fazer do mundo um lugar onde essas leis não sejam necessárias.

Estabeleça cinco metas diárias. Transfira para o dia seguinte o que não conseguiu terminar.

Escreva memorandos com palavras certas. Em vez de escrever "Eu cheguei à conclusão de que, neste momento, sou incapaz de atender a seu pedido de emprego", escreva o seguinte "No momento, não há vagas".

Elimine a linguagem corporal negativa que pode levá-lo a não parecer profissional: tamborilar os dedos, rolar os olhos, cruzar os braços, desviar o olhar do interlocutor, cerrar os dentes, ser impaciente.

Ao tomar decisões, pondere os fatos e preste atenção em seu instinto.

Seja organizado. Faça anotações. Elabore listas de tarefas, agende reuniões, prazos e organize os documentos que enviar ou receber.

Anote o nome do interlocutor na primeira vez que atendê-lo.

Quatro dicas para atender o telefone:

- Imprima um sorriso na voz ao atender uma ligação.
- Não desafie o interlocutor a dar mais informações do que ele deseja.
- Não pareça desconfiado ou entediado.

Junte-se aos que falam bem. Você vai aprender a falar em público e, como os palestrantes dizem, o frio na barriga vai continuar existindo, mas você aprenderá a controlá-lo.

Para obter as respostas de que precisa, você tem de fazer as perguntas certas.

O trabalho perfeito é aquele que faria mesmo se não fosse pago por ele.

Reserve ao menos três meses de salário em uma conta poupança. A vida é incerta e, se você perder o emprego, poderá levar um tempo para encontrar outro.

Planeje algo para fazer a cada fim de semana.

Normalmente, você pode demonstrar ser um pouco mais legal do que é, mas só um pouco mais legal. Se tentar ser um santo, vai pegar-se sorrindo de maneira falsa.

Agrade à equipe de vez em quando. Só não o faça regularmente, senão as pessoas vão ficar mal-acostumadas.

A maioria dos colegas de trabalho terá o prazer de ouvir a sua grande novidade ou alguma experiência incrível. *Uma vez.*

Observe que o que pensa e fala é o que você mostra no trabalho e na vida.

Não espere ser perfeito. Quando cometer um erro, não dê desculpas. Apenas aprenda com ele, e siga em frente.

Seja bom para todos os seres vivos, a começar por você mesmo.

Esteja seguro de que tem um novo emprego antes de sair do atual, ou diga não para outros empregadores em potencial.

Evite comentários ou atitudes "nós contra eles".

Não grite com seu chefe, mesmo que ele grite com você. Não há problemas em pedir um tempo para que vocês se acalmem.

Mantenha-se informado: faça palavras-cruzadas, leia revistas de sua área e livros infanto-juvenis (eles são curtos e vão direto ao assunto).

Comunique seus colegas de trabalho quando ouvir elogios sobre eles.

Não se ocupe tanto a ponto de esquecer de *ser*: ser feliz, ser paciente, ser gentil.

Não tente tirar vantagem de ninguém. É um jogo sem vencedores.

Não basta ter valor se as pessoas certas não percebem. Torne-se visível de maneira positiva.

Deixe seu chefe saber o que você precisa para obter sucesso e, se você é o chefe, dê a seus colaboradores o que *eles* precisam para obter sucesso.

Nada pode levá-lo tão longe quanto a autoestima. Se você não a tem, aprenda a desenvolvê-la. Se tem, trabalhe para aumentá-la.

Esforce-se para ser curioso em vez de correto.

Não deixe as coisas acumularem. Se tiver um problema com um colega, fale sobre isso e encontre uma solução razoável para ambos.

Dizer a verdade parcial, às vezes, é mais acertado do que contar todos os detalhes.

Quando as pessoas o ajudam, expresse seu agradecimento e então as surpreenda perguntando o que pode fazer por elas.

Se estiver 100% satisfeito com seu atual trabalho, guarde para si.

Não assine nada que não seja absolutamente autêntico – mesmo que o solicitante diga que isso não significa nada, que seu nome não estará vinculado a isso, ou que sempre pode mudar de ideia depois. Se deve assinar um documento, esclareça a parte que o incomoda e assine.

O Ministério da Saúde adverte: reclamar é um hábito e pode ser prejudicial à saúde.

Não permita que seu chefe o constranja. Faça o melhor e ignore. Caso não seja possível, procure outro emprego.

Sempre que achar que não pode realizar alguma coisa, pergunte a si mesmo: se alguém me oferecesse 1 milhão de reais eu encontraria uma solução?

Aja – não reaja. Não há nenhuma lei que o obrigue a responder a perguntas ou críticas de seu chefe ou colegas de trabalho logo de imediato. Dê um tempo, se precisar, para separar seus sentimentos das mensagens e, então, formule uma resposta.

Nunca dê a ninguém a única cópia de documentos importantes.

Desenvolva senso de humor. É melhor rir do que chorar e, às vezes, estas serão suas únicas opções.

Trabalhe para ser bom, não perfeito.

Evite romances no escritório. Eles distraem quando dão certo e são dolorosos quando fracassam.

A gerência nem sempre é razoável ou justa. Ela não gosta que colaboradores novatos digam que o que ela está fazendo não é razoável nem justo.

Todos querem se sentir especiais. Você pode se sentir especial se ajudar os outros a sentirem assim.

As pessoas querem que você seja perfeito.
Você pode acreditar que deveria ser.
Você não pode ser. Ninguém pode.

Geralmente é mais fácil pedir perdão do que pedir autorização.

Ser chefe não é licença para ser autoritário.

Não interrompa, mesmo quando já sabe o que a outra pessoa vai falar e o que você tem a dizer é mais relevante ou inteligente.

Quatro maneiras de diminuir o estresse:

- Pratique alguma atividade física todos os dias.
- Encontre alguém para rir junto.
- Fique próximo de pessoas que são positivas.
- Lembre-se de respirar.

Não fale de seus problemas familiares e pessoais em uma entrevista de emprego. Os empregadores não desejam contratar alguém que possa faltar no trabalho, ser distraído ou que saia assim que terminar o treinamento.

O que você diz pode não ser o que a outra pessoa ouve. O que você ouve pode não ser o que a outra pessoa quer dizer. Verifique.

As pessoas nem sempre querem conselhos. Às vezes, elas só querem que você escute e concorde com elas.

Você colhe aquilo que planta, seja no trabalho, seja na vida pessoal.

Conheça a cultura de sua empresa observando seus líderes. Quanto mais se assemelha a eles, maiores são suas chances de sucesso.

Dê um nome para o crítico que há dentro de você e peça a ele que desapareça.

Sempre acredite que o impossível é possível.

Se fez um acordo verbal, é uma boa ideia acompanhar os pontos que foram abordados, mesmo que seja apenas por e-mail. Um mês depois, cada parte envolvida pode se lembrar de uma conversa totalmente diferente.

A vida é uma viagem, não um destino. Seja gentil consigo mesmo quando se deparar com empecilhos. Muitos deles vão aparecer no trabalho.

Eliminador de estresse: hoje, pense apenas nas coisas que deve decidir hoje.

Use o crachá de identificação do lado direito, pois as pessoas naturalmente o visualizam ao cumprimentá-lo.

Evite se envolver em segredos até saber exatamente do que se trata.

Não importa o que faça, você não será capaz de agradar a todos o tempo todo. Tudo bem. Apenas faça o melhor.

Ouvir atentamente é a mais sincera forma de elogio.

Saia na hora do almoço, especialmente se trabalha em um escritório com ar-condicionado, computadores, lâmpadas fluorescentes e outras condições artificiais.

Nunca duvide de que a dificuldade pode ser superada.

Nunca divulgue informações que foram confiadas a você, mesmo que não tenha ficado claro que não pode divulgá-las.

Não realize treinamento de atualização de um colaborador com a agenda apertada.

Você vai gostar mais do seu emprego se trabalhar pelas coisas divertidas que pode fazer com seu dinheiro em vez de pensar apenas nas contas a pagar.

Encontre o cargo certo. Descubra a empresa certa. Saberá que está no lugar certo pelo modo como vai se sentir.

Saiba a diferença entre ser assertivo e agressivo.

Quando estiver frustrado, pergunte a si mesmo se vai se importar com esse aspecto daqui a 10 anos. Se não, respire fundo e ignore.

Sorria ao discar ou atender o telefone. Seja o mais simpático e prestativo possível e aja como se estivesse falando com um amigo.

Caso conduza uma reunião, comece indicando a finalidade.

Se insistir em fazer as coisas do modo como tem feito, vai continuar a obter os mesmos resultados. Para perceber as mudanças no que deseja, precisa modificar o modo de fazer as coisas.

Nunca ajude ninguém a entender uma piada. Nunca ajude seu chefe a achar graça na piada.

Pratique o ato de se colocar no lugar dos outros.

Todo mundo trabalha com vendas. Aprenda a se vender, vender suas ideias, seus valores...

Demonstre seu poder com confiança e calma e não com arrogância.

Trate bem as pessoas mesmo que elas não tragam nenhum benefício.

Não resmungue.

Não se queixe.

Não trapaceie em seus relatórios de despesas.

Não espere para assistir a vídeos motivacionais apenas quando precisa deles. Assista-os quando estiver bem, assim vai parecer que nunca *precisou* deles.

Faça o trabalho para o qual foi contratado e, se tiver tempo, seja voluntário em alguma outra atividade.

Economize parte do que recebe de cada pagamento.

Entre uma crítica e outra faça um elogio.

A vida deve ser divertida. Se teve um dia ruim, opte por ter um bom dia amanhã.

Circule com as pessoas mais brilhantes e mais inteligentes que puder encontrar. Normalmente você é conhecido pelas companhias que mantém.

Se você é o patrão, contrate as pessoas mais qualificadas para o trabalho e não tente sabotá-las caso sejam mais hábeis que você.

Há um velho ditado: "Não atire no mensageiro". No trabalho, isso significa que não deve se zangar quando seu chefe repassa uma má notícia que recebeu do chefe dele.

Não permita que ninguém no trabalho saiba que
está à procura de outro emprego. Caso seu chefe
descubra, você pode sair antes do esperado.

Se você não consegue explicar sua ideia
em poucos minutos, provavelmente não esteja
pronto para isso.

Não tome decisões com base nas
experiências dos outros.

Identifique alguém da empresa que seja bem
informado e torne-se amigo dessa pessoa.

Cinco coisas que os entrevistadores querem saber:

- Por que você acha que pode fazer o trabalho.
- Como vai se adaptar ao quadro de colaboradores atual.
- O quão qualificado você é.
- O quão disposto está.
- Por que você deve ser escolhido entre os outros candidatos.

Se procurar por compaixão, provavelmente encontrará. Procure por respostas e você estará mais propenso a resolver seu problema.

Pode ser injusto, mas as pessoas o julgam pela aparência. Faça o melhor com o que tiver.

Não ofusque seu patrão.

Avalie seu comportamento/desempenho regularmente para verificar se está no caminho correto, mas aprenda a desligar o crítico que há dentro de você (aquela voz que lhe diz que não está indo bem não importa o que faça).

Substitua bolsas e pastas usadas, sujas e arranhadas. Substitua saltos gastos. Isso também é importante.

Substitua os maus hábitos pelos bons, as habilidades velhas pelas novas, os amigos negativos pelos positivos.

Deixe que as pessoas cuidem de seus próprios comportamentos. Não pense que se seu chefe, colega de trabalho ou cliente está de mau humor a culpa é sua.

Cuide de seu próprio comportamento. Não culpe as outras pessoas pelo seu mau humor.

Ataque o problema, não a pessoa.

Seja legal com seu chefe, mesmo que não goste dele. Tente aprender com a situação.
Se for intolerável, procure um novo emprego.

Informe à secretária por que está à procura
de seu chefe. Não faça joguinhos.

As pessoas vão respeitá-lo mais se levá-las a se
sentir bem em sua presença do que se ficar
afirmando o quanto é bom.

Anote três coisas pelas quais gostaria
de ser conhecido, decida como vão acontecer e,
por fim, aja.

Quando se queixarem de algum colega,
mude de assunto.

Siga seus sonhos, mas não saia do emprego até que possa se sustentar.

Faça anotações quando seu chefe der instruções. Peça a ele para ir mais devagar e repetir, caso não entenda.

Não faça tempestade em copo d'água.

Todo mundo tem sua própria visão da realidade. Não leve para o lado pessoal quando as pessoas não compartilharem de sua opinião.

Não deixe ninguém convencê-lo de outra versão da realidade se não concordar.

Não leve nada do trabalho, nem mesmo as pequenas coisas. Isso é roubo.

Honre a filosofia corporativa de sua empresa. Caso não consiga, procure outro trabalho.

Se seu patrão costuma se apropriar de suas sugestões, compartilhe suas melhores ideias nas reuniões em que outros saberão que elas são suas.

Pessoas positivas e divertidas atraem pessoas positivas e divertidas; elas podem amenizar o mau humor das outras pessoas.

Comece cada projeto com entusiasmo e termine-os no prazo.

Mesmo que você falhe em um projeto não significa que seja um fracasso. Não pense que é, ou vai acabar convencendo os outros também.

Quando estiver sobrecarregado, pergunte a seu chefe quais trabalhos têm maior prioridade.

Se está ocioso, procure algo para fazer.

Empregue linguagem impessoal quando se dirigir ao carteiro, ao presidente da empresa, ao comissário de bordo, ao atendente, e assim por diante.

Não conte piadas insensíveis e não ria delas quando alguém o fizer.

Não concorde em trabalhar em uma empresa na qual se sinta desconfortável com as pessoas que conhece ou com as coisas que vê e ouve.

Não perca tempo e energia demais tomando uma decisão que não vale a pena.

Não desperdice seu tempo superanalisando se a decisão que tomou estava certa.

Escreva mensagens de agradecimento após as entrevistas de emprego, e não se esqueça de anotar o nome do entrevistador.

Os entrevistadores gostam de candidatos com ambição, entusiasmo e confiança.

Tenha algumas amostras de seu trabalho,
cartas de clientes satisfeitos, avaliações de
desempenho e cartas de recomendação,
caso necessário.

Para os gestores: a gestão que é indiferente às
preocupações dos colaboradores terá
colaboradores que são indiferentes às
preocupações da gestão.

A honestidade não é a melhor política se você não
tiver uma boa imagem de seu chefe.

Pense no seu trabalho como um jogo.
Há estratégias que podem levar ao sucesso
e armadilhas que podem custar caro.
Aprender as regras leva tempo.

Lembre-se de alguns aspectos positivos de seu emprego em seu trajeto diário para o trabalho.

Geralmente, as pessoas acreditam naquilo que você acredita sobre si mesmo.

Não deixe que colegas de trabalho e chefes autoritários despertem seu lado emocional. Aprenda a separar os acontecimentos do passado dos acontecimentos do presente.

Nunca diga nada negativo em uma entrevista de emprego. Seja de seu último trabalho, de seu último patrão, de seu trajeto para a entrevista, ou de seu cachorro. Perguntas que levam você a dar respostas negativas são um teste.

Seja gentil com todos. O assistente administrativo de hoje pode ser o líder de amanhã. Além disso, faz bem para o carma.

Quando se busca o melhor nas pessoas, muitas vezes é o que se recebe. O contrário também é verdade.

Saiba quais são as tarefas que seu chefe considera mais importantes. Faça-as com cuidado e mantenha o foco.

Trabalhar com má vontade é como andar com diversas granadas: é improdutivo e potencialmente perigoso.

Compartilhe informações, mas não compartilhe todas as suas fontes.

Pare para refletir. Mas, se seu chefe lhe paga apenas para trabalhar, talvez seja melhor pensar fora do horário de expediente.

Cinco dicas para apresentações:

- Saiba quem é o tomador de decisão.
- Saiba o que quer que o tomador de decisão pense, sinta e faça depois de sua apresentação.
- Determine quais informações precisa mostrar para por o plano em ação.
- Tenha contato visual com os principais participantes.
- Pratique em voz alta, assim poderá parecer e sentir-se confortável.

Organize por data seus documentos e rascunhos.

Elimine o estresse exercitando-se, pelo menos,
20 minutos por dia.

Não pense que, se seu chefe não reclamar de nada,
ele não sabe o que está acontecendo
ou não se importa.

Conheça os costumes de seus colegas estrangeiros
e seja sensível às suas preferências.

Deixe o chiclete em casa.

Repasse informações úteis. Não as retenha como meio de controle.

Dê a alguém o benefício da dúvida por duas vezes; em seguida, desconfie.

Quando encontrar a solução perfeita para um problema, continue procurando até encontrar outras mais. Escolha, entre elas, a que lhe trará maior oportunidade de sucesso.

Boas ideias são muitas vezes vetadas porque são conflitantes com a política da qual seu chefe partilha. Não fique zangado. Saiba mais sobre a política de seu local de trabalho, assim poderá evitar ciladas.

As pessoas são promovidas por dois motivos: porque elas parecem ter habilidades para desenvolver um bom trabalho, ou porque parecem se encaixar no novo cargo. Às vezes, o segundo motivo é o mais importante.

Procure maneiras de poupar seu tempo de empresa e dinheiro para o gestor. Execute as grandes ideias perante seu chefe antes de implementá-las.

Seja voluntário para trabalhos que não se importa em fazer.

Identifique seus pontos fracos. Trabalhe para corrigi-los, e não fale a respeito.

O sucesso vem do trabalho inteligente e não do trabalho duro. Priorize suas tarefas. Preste atenção ao que está fazendo e não cometa erros. Não perca tempo com coisas que não estejam relacionadas ao trabalho ou que o torne mais complexo do que deveria ser.

O poder interno surge da gentileza e não do controle.

Aceite: nenhum trabalho é perfeito o tempo todo.

Quando alguém faz um comentário ofensivo, diga calmamente: "Desculpe, pode repetir, por favor?". Dê a ele uma chance de repensar.

Na maioria das empresas, se não estiver disposto a ser parte da solução, será parte do problema.

Ouça música no caminho de ida e volta do trabalho em vez de notícias.

Ensaie situações difíceis. Prepare-se para lidar com questões difíceis e oposições.

Não pule o intervalo do café somente para poder provar que trabalha duro. Os chefes, geralmente, não percebem e, na verdade, acaba por reduzir sua produtividade.

Quatro dicas para os gestores:

- Treine e capacite seus colaboradores para satisfazer os clientes.
- Ligue para seu trabalho. Como o atendente age? Ligue para a central de atendimento ao cliente. Assegure que sua equipe não esteja suscetível a nenhum tipo de frustração.
- Navegue no site de sua empresa. As instruções são claras? A navegação é fácil? As informações são precisas e completas? O cliente consegue comprar com tranquilidade? É fácil obter ajuda ou respostas?
- Não tente resolver os problemas dos colaboradores. Em vez disso, aprenda a questioná-los de maneira correta para obter as respostas. Observe o tom que emprega ao fazer perguntas. Não soe como se tivesse as respostas e estivesse à espera de alguém vir buscá-las.

Caso seu trabalho seja criticar, seja gentil. Seja específico e faça-o em particular.

Seja precavido afirmando que seu prazo ou informações para os fornecedores é de um dia ou dois antes do que realmente é. Mas não prorrogue os prazos excessivamente.

Estabeleça contatos de imediato. Mais cedo ou mais tarde, vai precisar deles.

Vá trabalhar nos dias em que estiver apenas um pouco doente. Deixe para tirar licença médica quando realmente sentir necessidade de ficar em casa.

Habitue-se a salvar regularmente o trabalho no computador.

Não faça ligações sem importância nos dias em que estiver com os prazos apertados.

A segurança do trabalho não é proveniente apenas do fato de você exercer bem sua função, mas também do suporte que oferece para que seu chefe conquiste os objetivos.

Não pule o café da manhã.
Não pule o almoço.
Não pule qualquer oportunidade para se tranquilizar.

Lembre-se de que, se você não pedir o que quer, vai receber apenas o que os outros querem que receba.

Visualize os resultados que deseja e não os que teme.

As pessoas tendem a se lembrar do primeiro e do último bloco de informações em uma série e se esquecem do que está no meio. Faça pausas quando estiver aprendendo algo novo para que possa criar os primeiros e os últimos blocos. Faça anotações com até três tópicos.

Você não vai conseguir tudo que pedir. Não leve para o lado pessoal. Não deixe de reivindicar.

Seja flexível.

Tente manter a vida profissional e
a vida pessoal separadas.

Se parece bom demais para ser verdade,
provavelmente é.

A infelicidade adora companhia. Caso ouça os
problemas alheios com frequência vai se sentir
infeliz também.

Seja um solucionador de problemas.

Mais quatro dicas para apresentações:

- Apresente sua ideia.
- Mostre como executá-la.
- Explique sua conclusão.
- Peça por ação.

Quando um colega de trabalho espera que você se impressione e isso não acontece, seja educado e diga algo não específico como "Impressionante!", ou "Uau, que história!".

Ao sentir que deve agir de imediato, pare. Espere até a urgência passar. Depois de um tempo, se ainda acha que agir é o certo, aja.

Não se sinta pressionado em assinar listas de informações ou de treinamento que não tenha recebido anteriormente.

Somente as pessoas que não fazem nada não cometem erros.

Sua linguagem corporal e seu tom de voz muitas vezes dizem mais que suas palavras.

De vez em quando, pergunte a algum colega confiável que tipo de impressão você está passando.

Tente não fumar antes de uma entrevista de emprego. Se for imprescindível, fume ao ar livre e use um refrescante bucal.

Leia uma revista diferente a cada semana para saber o que está acontecendo no mundo.

Mude seu modo de dar as boas-vindas a um novo colaborador. Isso fará com que ambos se sintam bem, e você ainda pode ganhar mais um aliado.

Ninguém pode lhe dar autoridade. Mas se agir como se já a tivesse, os outros vão confiar em você.

As pessoas autoconfiantes e pouco qualificadas são mais reconhecidas e têm melhores oportunidades do que as pouco confiantes e altamente qualificadas.

Peça permissão a seu interlocutor antes de deixá-lo aguardando na linha.

Mantenha sua pilha de coisas "por fazer" em ordem: a tarefa que quer terminar primeiro no topo, a próxima embaixo, e assim por diante.

Ao comunicar um problema a seu chefe, sugira algumas soluções.

Se quiser saber no que acredita, olhe para o que construiu em sua vida.

É mais fácil chegar mais longe sendo um bom ouvinte do que sendo um bom falador.

Não perca tempo com quem só se lamenta. (Não se lamente.)

Você não tem de gostar de todos com quem almoça. Almoçar com pessoas que podem compartilhar informações importantes pode ser tão indispensável como almoçar com as pessoas de quem gosta.

O trabalho é uma parte importante da sua vida, mas é apenas uma parte dela. Certifique-se de incluir também amigos, diversão, doação e crescimento espiritual.

Os chefes são temperamentais.
Os colegas de trabalho são temperamentais.
Você está de mau humor, tente não descontar em seu chefe ou nos colegas de trabalho.

Aprenda a receber críticas solenemente.
Pergunte-se: *O que eu posso aprender com isso*?

Ignore as coisas banais que não pode controlar. Caso não possa ignorá-las tente, pelo menos, não falar sobre elas.

Não lute para vencer a batalha se significar que vai perder a guerra.

Trate o chefe como uma pessoa agradável, mesmo que ele não seja.

Observe a que hora do dia é mais disposto e concentrado. Tente realizar o trabalho que mais exija nesse momento.

Geralmente, um bom trabalho pode passar despercebido e somente os erros são mencionados. Não espere aplausos de seu chefe para se sentir bem. Encontre você mesmo motivos para isso.

Às vezes, demora anos para que uma boa ideia seja reconhecida pela sua genialidade. Não desista.

Para a gestão: quando os ganhos da empresa estão em alta, os ganhos dos colaboradores também devem ser aumentados.

Um truque para ajudar a lembrar a ordem dos temas de uma palestra é atribuir mentalmente um ponto para cada dedo. Enquanto fala, mantenha o dedo correspondente apoiado no púlpito, na mesa ou no colo.

Conte uma história uma vez, duas vezes se for necessário, e depois a aposente.

Regras de oratória para palestras de sucesso:

- Diga o que vai ser abordado.
- Aborde o tema.
- Fale a respeito do que foi abordado.

Divirta-se no trabalho todos os dias. Você passa mais tempo nele do que em qualquer outro lugar, então tente se divertir.

Traga flores ou retratos de família para o local de trabalho. Esta é sua casa longe de casa. Faça o que puder para torná-la agradável.

Leve sua comida preferida para o lanche. Não confie no serviço de entrega da redondeza e não planeje se virar sem ele. (Quando você está com fome, come qualquer coisa!)

Quatro tipos distintos de pessoas e como se equiparar a elas:

- Diretores gostam de estar no comando. Dê a eles os fatos de forma rápida e clara. Deixe-os saber o que esperar.
- Promotores gostam de coletar informações e passá-las adiante. Ajude-os a encontrar formas de resolver os problemas e superar desafios.
- Analistas gostam de questionar e analisar os problemas por todos os ângulos. Não peça a eles que sejam promotores.
- Defensores gostam de apoiar os outros. Deixe-os saber que você aprecia sua ajuda.

Você costuma ser seu pior inimigo. Descubra como você pode estar sabotando a si mesmo.

Muitas vezes, lemos o que achamos que está certo e percebemos erros de ortografia, palavras fora de contexto ou ausentes. Revise sua mensagem palavra por palavra. Em voz alta, se puder. Leia devagar. Certifique-se de que escreveu realmente o que queria.

As pessoas nem sempre fazem aquilo que você quer, mas, se elas gostarem de você, vão conviver bem na maior parte do tempo.

Ouça muito. Sorria muito. Perdoe muito.

Observe como seu chefe prefere obter informações e corresponda. Alguns preferem ouvir somente o ponto de partida; outros preferem conversar primeiro. Se estiver na dúvida, pergunte à secretária. Se não puder, pergunte diretamente a ele.

As pessoas não se ressentem de coisas que têm de fazer. Elas se ressentem em fazer as coisas em que não foram honestas o suficiente para dizer não.

Perdoe rápido e julgue devagar.

Você pode se esconder das políticas da empresa em que trabalha, mas não pode fugir delas. Aprenda como elas funcionam e faça a diferença entre o doce sucesso e a derrota repentina.

Quando você contar uma história e seu ouvinte disser "você já me disse isso", aceite a dica.

Seja cortês com seus clientes. Não os trate como a próxima tarefa que deve realizar. Leve o tempo que for necessário para fazer perguntas completas. Em vez de "Nome?" pergunte "Qual é o seu nome?". Não diga "Você está aqui para...?". Pergunte "O que o trouxe aqui?".

Não diga a todos como as pessoas faziam em sua antiga empresa. A menos que tenha sido contratado para fazer alterações, mostre seu potencial antes de sugerir novos procedimentos.

Fale com um consultor financeiro, mesmo que não tenha muito dinheiro. O que ganha não vai determinar seu futuro financeiro tanto quanto o que faz com o que ganha.

Dê as boas-vindas ao inesperado. Ele virá de qualquer maneira, e quanto mais positivo você for, melhor vai controlá-lo.

É mais provável que seja bem-sucedido em algo que faz com paixão do que naquilo que faz por obrigação.

Se não gosta de trabalhar em equipe, não aceite um emprego no qual isso é a parte mais importante de sua função.

Quando alguém chega até você com um problema, pergunte: "O que acha que deveria fazer?".

Precisa ser intuitivo? Criativo? Tape sua narina esquerda e respire pela direita.
Precisa ser lógico? Tape sua narina direita e respire pela esquerda.

Bons colaboradores não são necessariamente bons supervisores. Se você for promovido, seja treinado, dentro ou fora de sua empresa, para a nova função.

Ao negociar um salário ou pedir um aumento, peça mais que o esperado. Você sempre pode receber menos, nunca mais.

Aprenda a diferença entre um problema e um aborrecimento.

O trabalho não é uma democracia, e a sua opinião de como as coisas devem ser feitas não importa muito. Aceite, ou procure um novo emprego.

Não esqueça de dizer "por favor" e "obrigado".

Três passos para o sucesso:

- Identifique uma habilidade que admira.
- Descubra o que pode fazer para aprendê-la.
- Faça o que for preciso para obtê-la.

O trabalho não é lugar para se gabar de suas conquistas sexuais. O trabalho, na verdade, não é lugar para se gabar de nada.

Tente descobrir as intenções dos outros. Elas existem e é bom saber quais são. Certifique-se de que também sabe quais são as suas.

Tenha boas intenções.

É próprio da natureza humana querer editar, reescrever ou alterar o que os outros escrevem. Tente não levar para o lado pessoal.

As pessoas pedem conselhos quando não querem fazer o que devem fazer. Seja complacente e deixe que decidam por si mesmas.

Seja gentil com as secretárias e assistentes. A maioria possui informações que você não tem. Alguém vai dar uma dica ou comentar sobre isso. Todos têm ouvido de chefe.

Faça-se indispensável, a menos que não queira uma promoção. Então, promova-se ao compartilhar informações evitando, assim, que outro ocupe seu lugar.

Se você é responsável por redigir os relatórios, treine. Leia um livro ou faça um curso sobre o assunto, e aprenda a fazê-los de maneira correta.

Não peça desculpas, a menos que a culpa seja sua. Dizer "sinto muito" quando alguém está chateado pode ligá-lo ao problema mesmo que você não esteja envolvido.

Anexe essas dicas em um local bem visível:

- Vá com calma. Esta é a sua vida! Você precisa se divertir!
- Relaxe. Não leve tudo a sério. Lembre-se de brincar. E sorrir.
- Aprenda a diferença entre a necessidade e o desejo.
- Reavalie a sua vida frequentemente. Está como você quer?
- Reavalie seus objetivos. Eles são os certos?
- Cuide-se, em primeiro lugar.
- Diga não. Você provavelmente não precisa fazer muitas coisas que acha que tem de fazer.

Quando você tem o emprego certo, não precisa sofrer para obter sucesso.

Na luta entre fazer e ter, é fácil esquecer de ser. Seja gentil consigo e com os outros, seja feliz com pequenos sucessos, aprecie cada momento.

Não coloque palavras na boca de outra pessoa. Não deixe que coloquem palavras em sua boca.

Você provavelmente se esquecerá de grande parte deste livro. Então, leia-o novamente.

Impressão e Acabamento
Bartira
Gráfica
(011) 4393-2911